Römische Geschichte

kompakt & leicht verständlich

Erleben Sie das antike Rom von der Entstehung bis zum Untergang - inkl. römisches Reich Hintergrundwissen

Roman Grapengeter

Alle Ratschläge in diesem Buch wurden sorgfältig erwogen und geprüft. Eine Garantie kann dennoch nicht übernommen werden. Eine Haftung des Autors beziehungsweise des Verlags für jegliche Personen-, Sach- und Vermögensschäden ist daher ausgeschlossen.

INHALT

Das erwartet Sie in diesem Buch

Ausgehend von den beiden ikonischen Daten 753 v. Chr. (der Legende nach die Gründung Roms) und 476 n. Chr. (die Absetzung des letzten weströmischen Kaisers Romulus Augustulus) umfasst die Geschichte des Römischen Reiches mehr als 1200 Jahre. Das war nicht nur ein langer Zeitraum, sondern auch ein ereignisreicher – immerhin eroberten die Bewohner der Stadt am Tiber ein Reich, das bei seiner größten Ausdehnung 116 n. Chr. den Großteil Europas sowie Teile Nordafrikas und Kleinasiens umfasste.

Es wäre nicht schwierig, hunderte Seiten mit Namen und Daten aus der Geschichte des Römischen Reiches zu füllen, und selbstverständlich existieren solche umfassenden Darstellungen bereits.

Aber keine Sorge, das ist nicht, was Sie hier erwartet. Dieses Buch gibt Ihnen eine kurzweilige Einführung in die Geschichte des Römischen Reiches. Sie werden hier nur die Informationen finden, die Sie brauchen, um zu verstehen, warum die 1200-jährige Entwicklung so abgelaufen ist, wie es uns die Quellen berichten. Und weil unumstößliche Fakten häufig spärlicher gesät sind, als man erwartet oder sich wünschen würde, werden Sie auch erfahren, was wir heute nicht (mehr) wissen und warum das so ist.

Nebulöse Anfänge – die Königsherr- schaft

DIE LEGENDEN

Die Gründung des Römischen Reiches wird normalerweise mit der Gründung seines Zentrums, der Stadt Rom, gleichgesetzt. Sie erfolgte der Legende nach im Jahr 753 v. Chr. durch den ersten König Romulus. Romulus eingeschlossen soll es sieben Könige gegeben haben, ehe der letzte von ihnen, Tarquinius, genannt Superbus (dt. der Hochmütige), 509 aus der Stadt vertrieben wurde. Tarquinius' frühere Untertanen sollen dabei den Entschluss gefasst haben, nie wieder eine Königsherrschaft zuzulassen.

Ein Grund, warum wir zu den Anfängen Roms „nur" Legenden haben, aber praktisch keine Fakten, ist die Überlieferung. Die sogenannten Zwölftafelgesetze aus dem 5. Jahrhundert v. Chr. sind die ersten schriftlichen Zeugnisse der Geschichte Roms, enthalten aber keine historischen Informationen, da sie das Gewohnheitsrecht festhielten. Die ersten historiografischen Texte stammen von der Wende vom 3. zum 2. Jahrhundert und der Großteil von ihnen überhaupt erst aus dem 1. Jahrhundert v. Chr. Zwischen der Gründung Roms und der Lebenszeit der Autoren dieser Texte klafft eine Lücke von mehreren hundert Jahren. Gesicherte Angaben über einen so langen Zeitraum hinwegzuretten, ist praktisch unmöglich.

Der andere Grund ist, dass die Legenden über die Gründung Roms und die Königsherrschaft nicht einfach schöne Geschichten sind. Bei ihrer Entstehung hatten sie zum einen den Zweck, aus der Vergangenheit eine gemeinsame Identität zu stiften. Die Eltern von Romulus und dessen Zwillingsbruder Remus sollen die Priesterin Rhea Silvia und der Kriegsgott Mars gewesen sein. Rhea Silvia gilt als Tochter des Königs von Alba Longa, der wiederum ein Nachfahre des Aeneas gewesen sein soll, der aus dem brennenden Troja flüchtete. Hier wurde eine direkte (Abstammungs-

)Linie von Troja nach Rom konstruiert, die deswegen bedeutsam ist, weil Troja in den Augen der Römer das gleiche Prestige besaß wie später Rom in den Augen seiner Nachbarn und in den Augen der Nachwelt. Die Abstammung von Mars wiederum betonte noch einmal, dass Rom von den Göttern gesegnet sei.

Zum anderen nahmen die Autoren späterer Jahre ihre eigene Gegenwart zum Ausgangspunkt, um sich vorzustellen, wie die Frühzeit ausgesehen haben müsste, um auf die Verhältnisse hinzuführen, die sie kannten. Auf diese Weise verraten die Legenden etwas über die Ideale späterer Zeiten, und das ist interessant, um die politische Kultur zu verstehen.

DIE FAKTEN

Was lässt sich aber trotz aller Unsicherheiten über die römische Frühzeit sagen? Archäologische Funde zeigen, dass Ende des 6. Jahrhunderts v. Chr. in der Gegend des Forum Romanum, also im Herz der Stadt, bereits eine zusammenhängende Siedlung bestand, die aber noch einen dörflichen Charakter besaß. Sie ist deutlich jünger als das legendäre Gründungsdatum, allerdings mögen die kleineren Ansiedlungen, aus denen sie hervorging, schon deutlich früher bestanden haben.

Die Namen womöglich aller sieben legendären Könige könnten spätere Erfindungen sein, und auch das Datum der Vertreibung des letzten Königs ist mit Vorsicht zu genießen. Dass es in Rom Könige gab, darf aber als zutreffend betrachtet werden. Dafür spricht zum einen, dass eine Phase von Königsherrschaft über Kulturen und Regionen hinweg als Normalfall staatlicher Entwicklung anzusehen ist, zum anderen lassen sich in den Götterkulten und im Priestertum der Römer Anklänge an eine ältere staatliche Organisation erkennen, die beibehalten wurden, obwohl sie zunehmend wie aus der Zeit gefallen wirkten.

Dieses Königtum darf man sich noch nicht so vorstellen, dass ein Monarch an der Spitze der Stadt gestanden wäre, der sich deutlich von seinen Untertanen abhob und niemandem Rechenschaft über sein Tun schuldig gewesen wäre. Freilich vereinigte er alle wichtigen Funktionen in seiner Person – er fungierte als oberster Priester sowie als oberster Richter und hatte im Kriegsfall den Oberbefehl inne. Abgesehen davon unterschied er sich nicht stark von seinen Untertanen. Seine Erhabenheit ergab sich nicht daraus, dass er als Person besonders gewesen wäre, sondern, dass er den enorm wichtigen Götterkult leitete. Es ist gut möglich, dass der letzte König gehen musste, weil er versuchte, sich selbst als außergewöhnlich darzustellen, etwa über eine besonders enge Verbindung zu einer Gottheit.

Weitgehend Einigkeit herrscht auch darin, dass der letzte König einer etruskischen Dynastie entstammte. Die Etrusker, die in Kampanien lebten, waren zunächst neben griechischen Kolonisten die höchstentwickelte Kultur auf der Apenninen-Halbinsel. Die Römer verdankten ihnen viele Errungenschaften; beispielsweise ist das sogenannte lateinische Alphabet, das wir alle noch heute benutzen, eine Variante des westgriechischen Alphabets, das die Römer über etruskische Vermittlung kennenlernten. Die Auflehnung gegen die Königsherrschaft könnte auch eine Auflehnung gegen eine empfundene Fremdherrschaft gewesen sein. Nicht klar ist hingegen, ob vor einem etruskischen König bzw. etruskischen Königen schon einmal einheimische latinische Herrscher in Rom regiert hatten und ob Rom eine etruskische oder eine latinische Gründung war.

Die Republik

DIE ENTSTEHUNG DER REPUBLI-KANISCHEN VERWALTUNG

Die Phase zwischen dem Ende der Königs-herrschaft und der Errichtung der Kaiser-herrschaft in Form des Prinzipats wird auf Deutsch als Römische Republik bezeichnet. Das ist die Übersetzung von lat. *res publica*, was schlicht *öffentliche Angelegenheit* bedeutet. Öffentlich war für die Römer eine Angelegenheit, wenn sie alle Menschen betraf. Unter Politik verstanden sie also die Regelung von Fragen, die alle betrafen, und in Form der Volksversammlung konnten sich tatsächlich relativ viele Männer daran beteiligen.

Nach der Vertreibung des letzten Königs wurden seine Funktionen auf mehrere Amtsträger verteilt.

Über die Frühzeit des republikanischen Systems ist wenig bekannt; erst ab dem 4. Jahrhundert wird das Bild insgesamt klarer. Die Ämterlaufbahn existierte aber wohl nicht von Anfang an in der später bekannten Form.

Zuerst dürfte der Senat entstanden sein. Ursprünglich war er die Versammlung der grundbesitzenden Familien, später bekamen alle Männer in ihm einen lebenslangen Sitz, die einmal ein öffentliches Amt bekleidet hatten. Aus dieser Konzentration der gesamten zu einem bestimmten Zeitpunkt verfügbaren Erfahrung in der Verwaltung speiste sich die Autorität des Senats, die so groß war, dass die Volksversammlung nur in Ausnahmefällen gegen seine Beschlüsse stimmte.

Die Volksversammlung entstand im 5. Jahrhundert aus einer älteren Heeresversammlung und zerfiel in mehrere Unterorganisationen. Die gesamte Volksversammlung wählte die Amtsträger (Magistrate), verabschiedete Gesetze und entschied über Krieg oder Frieden. Alle volljährigen männlichen Bürger durften Magistrate wählen und selbst zur Wahl antreten. Da die Stimmberechtigten aber in Rom anwesend sein mussten, um ihr Wahlrecht wahrnehmen zu können, partizipierte nur ein geringer Teil der Bürger tatsächlich am politischen Leben. Was das passive Wahlrecht angeht, war das Wahlsystem so gestaltet, dass vermögende Bürger bessere Chancen hatten, Magistrate zu werden.

Alle Magistrate waren zunächst nur lose um den Senat gruppiert und hatten noch keine festen Aufgaben. Die klassische Ämterlaufbahn (lat. *cursus honorum*) bildete sich wohl erst im 3. und 2. Jahrhundert v. Chr. heraus. 367 entstand das Konsulat, das höchste Amt, in seiner bekannten Form. Die umfassenden Befugnisse der Konsuln (im zivilen Bereich *potestas* genannt, im militärischen *imperium*) entwickelten sich aber erst später. In der Römischen Republik zählten jene Familien zum Adel (lat. *nobilitas*), aus denen mindestens ein Konsul hervorgegangen war.

Die übrigen öffentlichen Ämter waren die des Ädils, des Quästors und des Prätors. Die Ädilen waren, kurz gesagt, für die Aufrechterhaltung der öffentlichen Ordnung zuständig, die Quästoren für die Staatskasse und die Prätoren für die Rechtsprechung. Die Ämter bauten aufeinander auf, d. h., wer Quästor werden wollte, musste bereits Ädil gewesen sein, wer Prätor werden wollte, musste Quästor gewesen sein, und so weiter.

Diese drei Ämter und das Konsulat wurden doppelt besetzt (Prinzip der Kollegialität) und immer nur für ein Jahr vergeben (Prinzip der Annuität), um auf der einen Seite einen Mechanismus zur wechselseitigen Kontrolle zu schaffen und auf der anderen Seite eine königsähnliche Machtkonzentration zu vermeiden. Während die Zahl der Konsuln seit dem Jahr 367 durchgehend bei zwei blieb, wurde die Anzahl der übrigen Magistrate immer wieder erhöht. Zudem konnte einem Einzelnen zusätzlich zu den eigentlichen Amtsträgern für spezielle Aufgaben die Amtsgewalt eines Prätors (Proprätur) oder eines Konsuls (Prokonsulat) verliehen werden.

DIE STÄNDEKÄMPFE

Eine direkte Folge des Endes der Königsherrschaft waren die sogenannten Ständekämpfe zwischen Patriziern und Plebejern. Die Patrizier waren vermutlich die Nachkommen einflussreicher Familien, die schon unter den Königen an den Hebeln der Macht gesessen waren. Als Plebejer wurden in der Frühzeit alle Römer bezeichnet, die weder Patrizier waren noch zu einem Patrizier in einem Klientelverhältnis standen. Später bedeutete Plebejer einfach „Nicht-Patrizier". Diese

Gruppe war sehr groß und sozial heterogen; zu ihr gehörten keineswegs nur Habenichtse, wie es unser heutiger Wortgebrauch suggerieren würde. Zur Zeit der Königsherrschaft hatte wohl der König selbst die Interessen der Plebejer vertreten; durch deren Ende kam ihnen ihr Fürsprecher abhanden, aber die Patrizier gestanden ihnen auch keine andere Vertretung zu.

Über mehrere Jahrhunderte hinweg gelang es den Plebejern, sich politische Vertretung und politisches Mitspracherecht, also die Gleichstellung mit den Patriziern, zu erstreiten. Ihr Erfolg ist nicht zuletzt damit zu erklären, dass die Republik nicht auf sie verzichten konnte. Im Kriegsfall stellten die Patrizier die Kavallerie, die Plebejer die Infanterie. Nur die Kavallerie hätte niemals ausgereicht, um gegen einen Gegner zu bestehen, sodass die Patrizier froh sein mussten, wenn die Plebejer weiterhin zu den Waffen griffen und sich letztlich nicht auf Dauer ihren Forderungen verschließen konnten.

Der erste Erfolg der Plebejer war die Schaffung des Amts des Volkstribunen, die traditionell auf das Jahr 495 datiert wird. Die Tribunen sollten die Interessen der *plebs* in Volksversammlung und Senat vertreten. Dazu machten die Plebejer sie unantastbar (sakrosankt), d. h., wer immer versucht hätte, einem

Volkstribun körperlich zu schaden, hätte damit rechnen müssen, von Plebejern getötet zu werden. Den vollen Umfang ihrer Befugnisse erreichten die Volkstribunen mit dem Veto-Recht; nunmehr mussten sie nur mehr *veto* (ich widerspreche) sagen, um einen Beschluss in Senat oder Volksversammlung zu stoppen. Wie von den übrigen Magistraten gab es wahrscheinlich ursprünglich zwei Volkstribunen, deren Zahl schrittweise erhöht wurde. Das Amt des Volkstribunen war nicht in die Ämterlaufbahn integriert, bot aber einen guten Ausgangspunkt, um diese erfolgreich einzuschlagen.

367 erreichten die Plebejer, zu allen Ämtern zugelassen zu werden. Seit diesem Jahr gab es zwei Konsuln, weil fortan je ein Patrizier und ein Plebejer in das höchste Amt gewählt werden sollte. 287 wurde das Hortensische Gesetz verabschiedet, mit dem die Beschlüsse der Versammlung der Plebejer für die gesamte Volksversammlung bindend wurden. Um die Mitte des 3. Jahrhunderts war die Spaltung zwischen Patriziern und Plebejern ausgeräumt.

Die zuvor über Jahrzehnte und Jahrhunderte hinweg köchelnden Spannungen waren immer wieder so groß geworden, dass sie die Republik vor eine Zerreißprobe stellten. Dass die Republik diese Zeit nicht nur unbeschadet überstand, sondern sogar gestärkt aus ihr hervorging, dürfte wesentlich mit der parallel erfolgten Expansion zusammenhängen. Solange es äußere Gegner gab, die besiegt werden mussten, gab es ein Ziel, auf das sich Patrizier und Plebejer ungeachtet aller Spannungen verständigen und mit dem sie sich identifizieren konnten. Auch die Kriegsbeute kam allen gleichermaßen zugute, weil beide Gruppen einen Teil des Heeres stellten.

DIE RÖMISCHE EXPANSION

Während der Königsherrschaft und in der Frühzeit der Republik beherrschten die Römer ein vergleichsweise kleines Gebiet in der Umgebung der Stadt. Im 5. Jahrhundert dürften sie noch vorrangig Krieg geführt haben, um sich gegen ihre Nachbarn zu erwehren, die im Normalfall mächtiger und größer waren.

Da sie dabei erfolgreich waren, konnten sie bald territoriale Zugewinne verbuchen, die wiederum ihre militärische Schlagkraft erhöhten. In neu hinzugewonnen Gebieten errichteten die Römer Kolonien, die selbst für ihre Verteidigung sorgen mussten. Mit ihren unterworfenen Nachbarn schlossen sie Bündnisse, die diese dazu verpflichteten, im Kriegsfall Truppen zu stellen. Beides war die Voraussetzung dafür, dass Rom irgendwann begann, Kriege nicht mehr aus politischer Notwendigkeit zu führen, sondern aus Machtstreben. Wann genau dieser Wendepunkt anzusetzen ist, ist umstritten, aber er könnte bereits im 4. Jahrhundert eingetreten sein.

Im 3. Jahrhundert beschleunigte sich dann die Expansion enorm. In der ersten Jahrhunderthälfte erlangte Rom endgültig die Hegemonie über die Apenninen-Halbinsel. Damit wurde es zu einer ernst zu nehmenden Macht im westlichen Mittelmeer, was Karthago, einen Stadtstaat mit seinem Zentrum im heutigen Tunesien, auf den Plan rief. Zuvor hatten die beiden Städte durchaus kooperiert, aber 264 schlugen ihre Beziehungen in Konfrontation um. In diesem Jahr nutzte Rom einen Vorwand, um Sizilien anzugreifen, seinen einzigen verbliebenen ernsthaften Konkurrenten auf der Apenninen-Halbinsel. Sizilien war mit Karthago verbündet, sodass dieses Manöver den ersten Punischen Krieg (264 bis 241) auslöste.

Karthago musste dabei eine herbe Niederlage einstecken, war aber nicht gänzlich besiegt. In den folgenden Jahren erholte sich der Stadtstaat wieder und konnte auf der Iberischen Halbinsel einen neuen Stützpunkt errichten, der den Römern ein Dorn im Auge

war. Der Feldherr Hannibal kam 218 mit seinem be-
rühmten Zug über die Alpen einem römischen Angriff
zuvor und löste so den zweiten Punischen Krieg (218
bis 201) aus, der ungeachtet anfänglicher Erfolge Karthagos Ende besiegelte. Als Nächstes wandten sich die
Römer dem östlichen Mittelmeer zu, wo mit König Phi-
lipp V. von Makedonien ein vormaliger Verbündeter
Karthagos regierte. Er wurde 196 endgültig besiegt.
Griechenland kam danach zwar nicht direkt unter römische Oberherrschaft, aber Rom wurde die Garantie-
macht für seine innere Ordnung.

Im Zuge ihrer Expansionen gingen die Römer
dazu über, Provinzen einzurichten, anstatt neue Bundesgenossen an sich zu binden. 227 entstanden als
erste Provinzen Sizilien, Sardinien und Korsika. Im Unterschied zu den Bundesgenossen stellten sie keine
Hilfstruppen zur Verfügung, sondern zahlten Geld an
das Zentrum. Der Grund für diesen Wechsel könnte
gewesen sein, dass der ab dem 1. Punischen Krieg
wichtige Seekrieg kostspieliger war als reine Land-
kriege und gleichzeitig durch das Bundesgenossensys-
tem bereits ausreichend Soldaten zur Verfügung standen.

Innerhalb von drei Generationen kamen somit alle
Reiche unter römische Oberherrschaft, die an das

Mittelmeer grenzten. Das war eine enorme Ausdehnung, die einen Großteil der damals bekannten zivilisierten Welt umfasste. Sie veränderte nicht nur das Machtgleichgewicht rings um das Mittelmeer, sondern hatte auch Auswirkungen auf die innere Verfasstheit des Römischen Reiches.

FOLGEN DER EXPANSION

Durch die nahezu ständigen Kriege verwandelte sich die Römische Republik in eine Kriegergesellschaft mit entsprechender Mentalität. Es wurde zu einem typisch römischen Zug, in einem Krieg erst dann aufzugeben, wenn an der Niederlage nicht mehr zu rütteln war, was einen entschlossenen Durchhaltewillen verlangte.

Des Weiteren war individuelles Prestige an militärische Erfolge geknüpft. Wer sich militärisch auszeichnete, wurde öffentlich geehrt; in ganz Rom entstanden etwa zahlreiche Denkmäler für Feldherren. Derartige Bekanntheit wiederum wirkte als Sprungbrett für eine politische Karriere und diese enge Verquickung von militärischem Ruhm und politischem Erfolg hatte mehrere Konsequenzen.

Da militärischer Erfolg der sicherste Weg war, um Ansehen zu erwerben, besaß die Führungsschicht ein

Interesse daran, immer neue Gelegenheiten zu schaffen, in denen sich jemand auszeichnen konnte, sprich, dafür zu sorgen, dass Rom nahezu durchgehend irgendwo Krieg führte. Unter dieser Voraussetzung war eine vorsichtige, Frieden-wahrende Außenpolitik ebenso unerwünscht wie das frühzeitige Beenden eines schwierigen Konflikts, der noch zu gewinnen sein mochte. Da aber alle Feldherren in die Ämterlaufbahn drängten, war die Konkurrenz um die wenigen Magistrate erbittert. Versuche, den potenziellen Bewerberkreis durch zusätzliche Bestimmungen wie ein Mindestalter für jedes Amt zu verkleinern, halfen etwas, schafften aber das Grundproblem nicht aus der Welt.

Aus der Wirtschaft ist bekannt, dass knappe, aber begehrte Güter teurer werden, und so war es auch mit den römischen Ämtern – wobei teurer hier durchaus nicht nur übertragen, sondern auch wörtlich zu verstehen ist. Nachdem verboten worden war, Stimmberechtigte direkt zu bezahlen, damit sie einen bestimmten Kandidaten wählten, gaben die Kandidaten ihr Geld für Maßnahmen aus, die ihre Popularität steigern sollten. Da das alle machten, wurden immer größere Summen notwendig, um diesen Effekt zu erzielen.

Wer eine politische Karriere strebte, brauchte spätestens ab dem 2. Jahrhundert v. Chr. ein immer größeres Vermögen im Hintergrund, um überhaupt eine Chance zu haben. Bei vielen Familien aus dem Patriziat und dem Ritterstand nahm das finanzielle Polster die Gestalt von Grundbesitz an. Sie erwarben mit ihrem Anteil der Beute von Feldzügen Land, damit sich ihre Söhne später um ein politisches Amt bewerben konnten. Ländereien brachten nicht unbedingt das höchste Einkommen, waren aber dennoch die beliebteste Geldanlage, weil sie das passende Image verschafften. Ein wohlhabender Römer musste Grundbesitzer sein, um etwas zu gelten.

Je mehr Land in den Besitz Wohlhabender kam, desto weniger Ackerfläche blieb erwartungsgemäß für Kleinbauern. Sie waren nicht in der Lage, Fantasiepreise zu zahlen, um sich die Flächen zu sichern, den sie als Existenzgrundlage brauchten. Ihre Situation verschärfte sich dadurch, dass Rom ab dem frühen 2. Jahrhundert auf der Apenninenhalbinsel kaum mehr neue Kolonien einrichtete. So entfiel für besitzlose Bauernsöhne die Möglichkeit, sich nach dem Militärdienst in einer Kolonie mit einem eigenen Hof eine Existenz aufzubauen. Das knapper werdende Land sollte also immer mehr Menschen versorgen.

Das Problem der ländlichen Bevölkerung war eines der größten in der späten Republik und den

Zeitgenossen als solches bewusst. Es gab immer wieder Vorschläge, wie das Land neu verteilt werden könnte, um die Verelendung breiter Bevölkerungskreise aufzuhalten, allerdings schmetterte der Senat alle Vorstöße ab. Die Senatoren handelten nach dem Grundsatz, dass weniger Land für sie selbst bedeutete, im politischen Wettbewerb ins Hintertreffen zu gelangen, und das konnten oder wollten sie nicht zulassen.

Zur Debatte stand aber nicht nur die Lebensgrundlage der Bauern, sondern auch die Versorgung der besitzlosen Veteranen, deren Zahl um die Wende vom 2. zum 1. Jahrhundert stark zunahm. Zunächst hatten in der Armee nur Legionäre gedient, die selbst eine Landwirtschaft besaßen, aber dieser Grundsatz wurde immer häufiger und immer stärker aufgeweicht, bis ein relevanter Anteil der Legionäre besitzlos war. In dieser Situation wurde es üblich, dass sich jeder Feldherr selbst um die Versorgung „seiner" Legionäre kümmerte. So entstand bereits zwischen einem Kommandanten und den aktiv dienenden Männern eine enge Bindung, weil Letztere genau wussten, dass es von ihrem Kommandanten abhing, unter welchen materiellen Umständen sie ihr Alter verbringen würden.

Gemeinsam mit einer zweiten Entwicklung trug diese Bindung dazu bei, das Militär zu einem entscheidenden politischen Machtfaktor zu machen: Während der Feldzüge war es immer wieder nötig, die Amtszeit eines Magistrats über das eine Jahr hinaus zu verlängern, damit er die anstehende Aufgabe erledigen konnte. Mitunter wurde daraus eine mehrere Jahre dauernde Inhaberschaft, sodass Feldherren das Gefühl entwickeln konnten, eine Amtsgewalt nicht nur zu verwalten, nicht nur für einen bestimmten Auftrag eingesetzt zu sein, sondern das Amt tatsächlich zu besitzen. Dementsprechend konnte ihre Bereitschaft sinken, das Ende eines Magistrats oder eines Auftrags zu akzeptieren, und das umso mehr, als sie ihre Soldaten treu hinter sich wussten. Das wurde für die gehäuften Krisen der späten Republik entscheidend.

DIE SPÄTE REPUBLIK

Als Beginn der späten Republik gilt das Jahr 133 v. Chr., weil sich da zum ersten Mal zeigte, was sich später verschärfte und für diese Phase kennzeichnend wurde: Immer mehr Akteure setzten sich über die Gepflogenheiten des politischen Betriebs hinweg bzw. fanden Schlupflöcher, um diese zu umgehen. Zugleich bedienten sie sich neuer – gewaltsamer – Mittel, um politische Konflikte zu beenden.

Den Auftakt bildete das Wirken von Tiberius Sempronius Gracchus (dem Jüngeren), der 133 einer der Volkstribunen war. Er legte dem Senat einen Plan vor, wie das Land neu verteilt werden könnte, um der Verelendung der Bauern Einhalt zu gebieten. Gracchus' Plan war keineswegs radikal, aber die Senatoren lehnten ihn aus Angst vor Vermögenseinbußen ab. Sie brachten einen anderen Volkstribun, Marcus Octavius, dazu, in der Volksversammlung sein Veto einzulegen, damit der Plan nicht verabschiedet werden konnte. So weit, so gewöhnlich.

Völlig unerhört hingegen war, dass Gracchus zum Gegenangriff überging. Er brachte die Volksversammlung dazu, Octavius wegen Verletzung seiner Pflichten abzusetzen, sodass seine Landreform nunmehr beschlossen werden konnte. Auf diese Weise hatte er den Senat ausmanövriert und er zögerte nicht, das erneut zu tun. Die Landreform war zwar beschlossen, aber für ihre Durchführung war Geld nötig, das nur der Senat freigeben konnte. Die Senatoren dachten aber nicht daran. So nutzte Gracchus die Gelegenheit, als der Stadt Rom eine erkleckliche Erbschaft der kleinasiatischen Stadt Pergamon zufallen sollte. Er erklärte, Rom werde das Erbe annehmen und das Geld für die Landreform verwenden. In anderen Worten, er traf eine außenpolitische Entscheidung, die normalerweise dem Senat vorbehalten war.

Um dem Ganzen die Krone aufzusetzen, kündigte Gracchus an, auch im folgenden Jahr 132 als Volkstribun zu kandidieren. Damit wollte er sicherstellen, dass seine Reformen nicht sofort wieder rückgängig gemacht wurden. Bis dahin war es noch nicht vorgekommen, dass jemand zwei Jahre hintereinander für dasselbe Amt kandidierte. Nicht nur das, Gracchus hatte auch die besten Chancen, tatsächlich die Wiederwahl zu schaffen, weil er seine Anhänger durch die Themen an sich band, für die er stand. Auch das war eine Neuerung im politischen Betrieb Roms. Traditionellerweise wurden Kandidaten in der Römischen Republik wegen ihres Namens gewählt – weil sie selbst militärisches Prestige erworben hatten, weil sie aus einer angesehenen Familie stammten oder weil idealerweise beides auf sie zutraf. Bei seiner ersten Wahl war Gracchus dabei keine Ausnahme gewesen – sein gleichnamiger Vater war zweimal Konsul gewesen und hatte 179/178 einen wichtigen Frieden mit den Keltiberern ausgehandelt, ohne den die Iberische Halbinsel nicht befriedet werden hätte können. Für die angestrebte Wiederwahl konnte sich Gracchus aber in erster Linie deswegen Chancen ausrechnen, weil er demonstrativ die Anliegen der kleinen Leute vertrat.

Gracchus' erneute Kandidatur war die Provokation, die der Senat nicht mehr dulden wollte. Mehrere Senatoren stürmten eine Volksversammlung, die er gerade abhielt, und erschlugen ihn sowie mehrere seiner Anhänger mit roher Gewalt. Das war in der Geschichte Roms der erste Mord, der verübt wurde, um sich eines unliebsamen politischen Konkurrenten zu entledigen. Und er sollte nicht der letzte bleiben: Dasselbe Schicksal ereilte unter anderem Tiberius Gracchus' jüngeren Bruder.

Gaius Gracchus fühlte sich dem Programm seines Bruders verpflichtet. Auch er setzte darauf, Beschlüsse in Umgehung des Senats durchzubringen, indem er sich beispielsweise auf den Ritterstand stützte, der bis dahin politisch keine Rolle gespielt hatte. Und auch er brachte einen Vorschlag für eine Landreform ein, den der Senat ablehnte. Als zudem die von Gracchus betriebene Errichtung von Kolonien in Nordafrika zugunsten der Veteranen beendet wurde, zog er sich mit Anhängern auf den Aventin, einen der sieben Hügel Roms, zurück, bereit für die Konfrontation. Nun erfanden die Senatoren das *senatum consultum ultimum* (dt. letzter Beschluss der Senatoren) als Letzturteil in einer Angelegenheit und entsandten auf dieser neu geschaffenen Rechtsgrundlage einen der Konsuln mit Truppen auf den Aventin. Gracchus kam bei den darauffolgenden Gefechten ums Leben.

Die folgenden Jahre verliefen keineswegs ruhig, aber die nächste große Krise brach erst mehrere Jahrzehnte nach den Gracchen über die Republik herein. Im Jahr 88 wurde der Konsul Lucius Cornelius Sulla mit Truppen nach Osten entsandt, um gegen Mithridates VI. von Pontos zu kämpfen, der die römischen Interessen im östlichen Mittelmeer bedrohte. Sulla trug zu dieser Zeit einen Konflikt mit dem Volkstribun Publius Sulpicius Rufus aus. Durch das im Jahr 90 verabschiedete Julische Gesetz (Lex Iulia) hatten alle Bundesgenossen im italischen Kernland das Bürgerrecht erhalten und damit das Stimmrecht in der

Volksversammlung. Offen war noch die Frage, wie die neuen Stimmberechtigten in die 35 Tribus eingegliedert werden sollten, jene territorialen Einheiten der Stadt Rom, aus denen die Volksversammlung beschickt wurde. Rufus wollte sie gleichmäßig auf alle Tribus aufteilen, weil so die Volksversammlung den stärksten Machtzuwachs erfahren hätte. Sulla hingegen gehörte zu jenen Senatoren, welche dem Senat wieder mehr Gewicht verleihen wollten, und trat dafür ein, nur ein paar wenigen Tribus neue Stimmberechtigte hinzuzufügen.

Sulla versuchte, die diesbezügliche Abstimmung zu verhindern. Rufus reagierte, indem er ihm das Kommando gegen Mithridates entzog und es Gaius Marius übertrug, der mit ihm einer Meinung war und sich um die Jahrhundertwende in den Kriegen gegen Kimbern und Teutonen ausgezeichnet hatte. Rufus' Vorgehen war zumindest fragwürdig, aber noch wesentlich fragwürdiger war Sullas Reaktion: Nachdem er sich, bereits am Ort seines Kommandos angekommen, der Unterstützung seiner Soldaten versichert hatte, ignorierte er die Absetzung ganz einfach. In den nächsten Jahren kämpfte er auf eigene Faust gegen Mithridates VI. und schloss sogar seinen eigenen Frieden mit ihm, während parallel Marius im Auftrag des Senats gegen

Mithridates kämpfte und ebenfalls einen Frieden schloss. Hier diente das Militär zum ersten Mal einem Feldherrn als individuelle Machtbasis und individuelle Verfügungsmasse, aber dabei blieb es nicht.

Nachdem er mit Mithridates Frieden geschlossen hatte, fiel Sulla 83 mit seinen Truppen in Italien ein. Im folgenden Jahr eroberten sie Rom. Zu diesem Zeitpunkt war es ein einmaliges Ereignis, dass ein Römer die Hauptstadt mit seinen eigenen Truppen militärisch einnahm, um sich gegen andere Römer durchzusetzen. Daraufhin wurde Sulla Diktator. Die Diktatur war eine alte Einrichtung. In bedrohlichen Situationen konnte der Senat einem Einzelnen die unbeschränkte Befehlsgewalt übertragen, um die Notlage aus der Welt zu schaffen. Die Diktatur endete entweder nach einer genau festgelegten Frist oder wenn der Anlass für ihre Errichtung objektiv nicht mehr bestand, weil zum Beispiel ein verlustreicher Krieg doch noch siegreich beendet wurde.

Sulla hingegen sollte selbst entscheiden, wie lange seine Diktatur dauern würde, sodass er sie theoretisch unbegrenzt hätte ausdehnen können. Zur allgemeinen Überraschung zog er sich aber bereits 80 vollständig aus der Politik zurück, nachdem er mehrere Reformen durchgeführt hatte, die dem Senat seine frühere

Bedeutung zurückgeben sollten. Sulla ging aber nicht ohne Rückversicherung. Während seiner Diktatur war es zu den sogenannten Proskriptionen gekommen. Die Namen von Sullas Gegnern wurden auf Listen öffentlich angeschlagen; jeder durfte die genannten Männer töten, ohne eine Strafe befürchten zu müssen. Zusätzlich waren deren Söhne lebenslang von allen politischen Ämtern ausgeschlossen.

Den Proskriptionen sollen mehrere tausend Opfer gefordert haben. Zudem hatte Sulla seine Veteranen im Umland von Rom angesiedelt, sodass er sie rasch wieder mobilisieren hätte können, wäre die politische Entwicklung nicht zu seiner Zufriedenheit verlaufen. Da Sulla aber bereits 78 starb, verloren diese Maßnahmen ihre Bedeutung.

DIE KRISE DER REPUBLIK

Nach Sullas Tod lautete die große Frage, ob die von ihm durchgeführten Reformen von Dauer sein würden. Noch im Todesjahr des ehemaligen Diktators brach zwischen den beiden Konsuln ein Bürgerkrieg genau darüber aus. Marcus Aemilius Lepidus wollte die Beschränkungen des Volkstribunats rückgängig machen, die Sulla eingeführt hatte, Quintus Lutatius Catulus sie beibehalten. Lepidus wurde schon nach kurzer Zeit militärisch besiegt, was Gnaeus Pompeius zu verdanken war. Pompeius wurde danach allerdings für rund 30 Jahre die Personifizierung von Ausnahmeregelungen (lat. *imperium extraordinarium*), um mit akuten Problemen fertig zu werden. Solche Ausnahmeregelungen befeuerten die politischen Ambitionen Einzelner und waren darum für den Fortbestand der Republik nicht eben förderlich.

Pompeius hatte zum ersten Mal auf sich aufmerksam gemacht, als er mit einer Privatarmee weite Gebiete für Sulla erobert hatte. Solche Unternehmungen außerhalb der Ämterlaufbahn und ohne Auftrag des Senats widersprachen eigentlich Sullas Auffassung davon, was in der Republik rechtens sein sollte und damit der Stoßrichtung der Reformen, die er später als Diktator umsetzte. Allerdings kamen ihm Pompeius' Soldaten und die von ihnen erzielten Gebietsgewinne selbstverständlich gelegen.

Das Muster der Duldung von Rechtsbrüchen setzte sich nach Sullas Tod fort: Pompeius forderte immer neue außerordentliche Vollmachten und der Senat gab ihm immer wieder nach. Auf der einen Seite war Pompeius objektiv eine gute Wahl. Seine militärischen Erfolge in der Vergangenheit empfahlen ihn für militärische Erfolge in der Zukunft und bei seinen Kommandos stellte er unter Beweis, dass er auch ein fähiger Administrator war. Auf der anderen Seite scheint der Senat in den Jahrzehnten der Republik zunehmend den Glauben daran verloren zu haben, dass schwerwiegende Probleme mit den althergebrachten Mitteln aus eigener Kraft zu lösen seien.

Das machte die Senatoren anfällig für die Forderungen selbstbewusster erfolgreicher Individuen wie Pompeius und schuf jedes Mal ein Beispiel, das zur Nachahmung durch andere einlud. Gleichzeitig waren die Senatoren nicht bereit, den gesetzlichen Rahmen so anzupassen, dass diese Individuen in die Verwaltung der Republik eingegliedert werden hätten können, anstatt für sie eine Ausnahme nach der anderen zu machen, die ja nur das Gesamtgefüge unterminieren konnten.

Nach dem Sieg über Lepidus forderte Pompeius ein militärisches Kommando in Spanien, wo sich Anhänger Sullas festgesetzt hatten. Er strebte dieses Kommando an, ohne Konsul (gewesen) zu sein, und nicht nur das – zu diesem Zeitpunkt war er auch noch zu jung, um überhaupt für einen der Magistrate des *cursus honorum* kandidieren zu dürfen. Nichtsdestoweniger entsandte ihn der Senat in Ermangelung ernsthafter

Alternativen nach Spanien und sendete damit bereits im Jahr nach Sullas Tod das Signal aus, dass die von dem Diktator festgelegten Regeln keineswegs unumstößlich waren.

Pompeius bewährte sich auch in Spanien und beteiligte sich nach seiner Rückkehr 71 an der Niederschlagung des Spartakus-Aufstandes, einer massiven Sklavenerhebung, die das italische Kernland seit 73 in Atem gehalten hatte. Bereits 72 hatte der Prätor Marcus Licinius Crassus den Aufständischen den entscheidenden Schlag versetzt, sodass Pompeius' Eingreifen nicht mehr unbedingt notwendig gewesen wäre. Der Aufstieg lieferte ihm aber einen Vorwand, um seine Soldaten nicht, wie Sulla eigentlich vorgeschrieben hatte, vor dem Betreten des Kernlandes zu entlassen.

Mit seinen Soldaten als Drohkulisse im Hintergrund konnte Pompeius nachdrücklicher fordern, von der Ämterlaufbahn befreit und zum Konsul gemacht zu werden, obwohl er noch kein einziges öffentliches Amt bekleidet hatte. Die Senatoren gewährten ihm auch diese Ausnahme, sodass 70 Pompeius gemeinsam mit Crassus, mit dem er sich auf eine Zusammenarbeit verständigt hatte, das Konsulat ausübte. Die beiden nutzten ihre Amtszeit zum einen, um ihre Popularität zu vergrößern, indem sie etliche von Sullas Reformen zurücknahmen, darunter die Beschränkungen des Volkstribunats. Zum anderen baute namentlich Pompeius für seine Zukunft vor, indem er den Senat dazu brachte, ihm das Kommando zur Bekämpfung der Piraten zu übertragen, die im östlichen Mittelmeer eine ständige Bedrohung für die Schiffe darstellten, die das dringend benötigte Getreide nach Rom transportierten.

Pompeius schaffte das Seeräuber-Problem in wenigen Monaten aus der Welt und wandte sich danach gegen eben jenen Mithridates VI. von Pontos, gegen den schon Marius und Sulla gekämpft hatten. Mithridates beging 63 Selbstmord, als er keine Hoffnung auf einen günstigen Ausgang des Kriegs mehr hatte. Nun konnte Pompeius den gesamten östlichen Mittelmeerraum administrativ neu gliedern. Er schuf dort eine territoriale wie administrative Ordnung, auf der später die Provinzverwaltung der Kaiserzeit fußte und die sogar das Ende der Antike überdauerte. Er leistete also offensichtlich solide Arbeit; das Problem war nur, dass er diese Änderungen vornahm, ohne durch einen Auftrag des Senats dazu befugt zu sein.

Dementsprechend machte sich in Rom eine gewisse Nervosität breit, als er 62 dorthin zurückkehren sollte. Doch er entließ seine Soldaten regelkonform, vermutlich in der Annahme, dass ihm seine Erfolge im Osten auch im politischen Betrieb der Hauptstadt Gewicht verleihen würden. Bald musste er allerdings feststellen, dass er sich darin getäuscht hatte. Die östlichen Provinzen waren nicht gar nichts wert, aber als politisches Kapital in Rom zählten sie relativ wenig. Nutzbringender waren dort nach wie vor die klassischen Klientelbeziehungen und die Machtbefugnisse, die sich aus der regulären Ämterlaufbahn ergaben.

Pompeius fehlte, weil er stets mit außerordentlichen Befugnissen gehandelt hatte, beides. Er war darum bereit, 60 eine Abmachung mit Crassus und Gaius Julius Caesar zu treffen, die als das „erste Triumvirat" bezeichnet wird. Allerdings wurde den dreien nicht formal die Macht übertragen, sondern sie kamen lediglich informell überein, nichts zum wechselseitigen Nachteil zu unternehmen und ihre jeweiligen Interessen bestmöglich zu wahren. Caesar hatte bis dahin für seine politische Karriere einen selbst für römische Verhältnisse aberwitzigen Schuldenberg angehäuft und suchte nun nach einem Weg, sicherzustellen, dass ihm seine Schulden erstens nicht zum Verhängnis wurden und zweitens langfristig auch wieder verschwanden.

59 übte Caesar gemeinsam mit Marcus Calpurnius Bibulus das Konsulat aus und war damit der einzige

der „Triumvirn", der ein reguläres Amt innehatte. Seine Amtszeit war geprägt von mehreren Rechtsverstößen; beispielsweise nahm er eine Agrarreform in Angriff, was an sich keine schlechte Sache war, aber zum Aufgabenbereich der Volkstribunen gehört hätte. Vor allem erwirkte er für sich selbst ein zunächst auf drei Jahre befristetes und später auf insgesamt acht Jahre verlängertes Kommando in Gallien, das er nach dem Ende seiner Amtszeit antrat.

Die Vorwände für diesen Krieg und seine Fortsetzung waren häufig entweder fingiert oder Caesar nutzte schon die nichtigsten Vorfälle, um die nächste Phase seiner Eroberungen einzuleiten. Das alles diente ihm dazu, seine Ziele zu erreichen: Der Krieg in Gallien sollte ihm genug Geld bringen, um seine Schulden zu bezahlen, und genügend militärisches Prestige, um die Rechtsbrüche während seines Konsulats vergessen zu machen. Nicht zuletzt schuf er sich mit der neu entstehenden Provinz Gallien eine Machtbasis, die unmittelbar an das italische Kernland grenzte und somit eine permanente Drohkulisse bildete.

Alles das gelang ihm. Der Gallische Krieg machte Caesar zu einem der reichsten Männer Roms und zu einem angesehenen Feldherrn, obwohl Gallien, vom reinen Flächenzuwachs abgesehen, für die Republik

keinen Nutzen brachte. Allerdings zog er die Erobe-
rung um den Preis zahlreicher Kriegsverbrechen und
anderer Rechtsverstöße durch, derer er sich ebenso bewusst war wie die Senatoren. Wenn Caesar einer Straf-
verfolgung entgehen wollte – und das wollte er unbedingt – blieb ihm kein anderer Ausweg, als nach seiner
Rückkehr aus Gallien wieder ein Amt zu bekleiden, das
ihm Immunität brachte sowie die Möglichkeit, für sich
ein dauerhaftes Schlupfloch zu basteln.

In dieser Frage würde es eine Entscheidung geben
müssen, das war allen Beteiligten klar. Es war aber
nicht mehr sicher, dass diese Entscheidung zugunsten
Caesars ausfallen würde. Zum einen hatte das Triumvirat deutliche Risse bekommen. Die Zusammenarbeit
hatte nie reibungslos funktioniert, weil es sich um ein
reines Zweckbündnis handelte. Die Spannungen waren bereits Mitte der 50er-Jahre so deutlich gewesen,
dass sich Caesar veranlasst gesehen hatte, Pompeius
und Crassus zu einer Erneuerung ihrer Absprache zu
drängen. 53 kam Crassus in der verheerenden Schlacht
von Carrhae ums Leben; damit waren nur mehr Caesar
und Pompeius übrig, die zunehmend auseinanderdrif-
teten.

52 beauftragte der Senat Pompeius damit, Unru-
hen in Rom niederzuschlagen, die ausgebrochen

waren, nachdem der Volkstribun Clodius Pulcher bei einem Straßenkampf getötet worden war. Damit erlangte er die Anerkennung, nach der er so lange gestrebt hatte. Sein erstes Kommando in der Hauptstadt bekam Pompeius nur, weil mehrere Senatoren ihre alten Vorbehalte gegen ihn abgelegt hatten, und sein Erfolg ermöglichte es ihm im Anschluss, erneut Konsul zu werden – der erste seit Jahrhunderten, der ohne Kollegen amtierte. Nun war Pompeius weniger empfänglich für Caesars Winkelzüge.

Auf der anderen Seite hatte sich 63 die sogenannte Verschwörung des Catilina ereignet. Es ist nicht sicher, dass die Umtriebe des Senators Lucius Sergius Catilina tatsächlich so umfassend und bedrohlich waren, wie es Marcus Tullius Cicero, einer der Konsuln dieses Jahres, darstellte. Fest steht aber, dass sich der Senat dieser Herausforderung gewachsen zeigte und zum ersten Mal seit Jahrzehnten ein Problem selbst und mit den althergebrachten Mitteln löste. Dieses neue Selbstvertrauen bekam Pompeius zu spüren, als er 62 nach Italien zurückkehrte, und schließlich könnte es auch Caesars Aufstieg gebremst haben.

DER BÜRGERKRIEG

49 endete Caesars Kommando in Gallien. Er forderte für sich das Konsulat für das folgende Jahr, aber diesmal gab der Senat nicht nach. Er ließ ihm ein *senatum consultum ultimum* zukommen, das ihm befahl, entweder seine Truppen an der Grenze zu entlassen oder mit militärischen Konsequenzen rechnen zu müssen. Caesar ignorierte den Befehl und überquerte mit seinen Soldaten den Fluss Rubikon, der die Grenze des Kernlandes bildete. Damit löste er den Bürgerkrieg aus, der bis 31 dauerte und erst das Ende der Republik und schließlich die Errichtung des Prinzipats brachte.

Caesar brauchte mehr als drei Jahre, um sich durchzusetzen. 48 besiegte er Pompeius, den der Senat entsandt hatte, um ihn aufzuhalten, 47/46 seine verbliebenen Gegner. Obwohl er den Bürgerkrieg mutwillig angezettelt hatte, konnte er als Sieger der vorhergehenden Schlachten weitere Vollmachten für sich beanspruchen – so groß war die Achtung der Römer vor militärischem Prestige. 45 wurde er zum Diktator ernannt, was Sinn ergab, da die Republik nach jahrelangen Kämpfen und Krisen einer Neuordnung bedurfte. Die Reformen, die Caesar durchführte, waren auch sinnvoll und rational begründet. Am bekanntesten ist sicherlich die Kalenderreform, die den sogenannten Julianischen Kalender brachte, der danach für über 1500 Jahre in Europa gültig war und in den orthodoxen Kirchen zum Teil bis heute verwendet wird, um Feiertage zu bestimmen.

Allerdings ließ sich Caesar bereits 44 zum Diktator auf Lebenszeit (*dictator perpetuus*) machen, nachdem seine Diktatur zunächst auf zehn Jahre begrenzt worden war. Damit hatte er einen quasi-königlichen Status erreicht und es war offensichtlich geworden, dass er die Republik nicht wiederherstellen würde. Das war der Anlass für seine Ermordung am 15. März 44.

Sie änderte zunächst gar nichts. Anders als die Verschwörer gehofft hatten, brach kein Jubel über Caesars Tod aus und sie durften auch nicht lange die Oberhand behalten. Gaius Octavius, ein Großneffe Caesars, den dieser an Sohnes statt adoptiert hatte, war gemäß dem römischen Verhaltenskodex verpflichtet, seinen Adoptivvater zu rächen, und nutzte diese Verpflichtung als Ausgangspunkt für seinen eigenen Aufstieg zur Macht. Er stellte eine Armee aus Caesars Veteranen zusammen, mit der er ohne Auftrag des Senats nach Rom marschierte. Deren Präsenz reichte als Druckmittel, um ihm das Konsulat einzubringen. So stellte er sich zunächst auf die Seite des Senats, der ihn beauftragte, gegen Marcus Antonius vorzugehen, einen wichtigen Parteigänger Caesars und Konsul des Jahres 45. Aber kaum hatte Octavius konsularische Vollmachten über, wechselte er die Seite. Er hob die Ächtung gegen Antonius auf und übernahm die Verfolgung von Caesars Mördern. So war sichergestellt, dass keine Änderung zurückgenommen werden würde, die Caesar vorgenommen hatte. Daraufhin stellten sich auch die Verwalter der westlichen Provinzen auf Octavius' Seite.

43 bildete Octavian gemeinsam mit Marcus Antonius und Marcus Aemilius Lepidus, einem der westlichen Statthalter, das zweite Triumvirat, das im Unterschied zum ersten offiziell vom Senat abgesegnet war. Gemeinsam gingen sie weiter gegen die Mörder Caesars vor. 42 erreichten sie unter der Führung von Marcus Antonius den entscheidenden Sieg bei Philippi, sodass es nun möglich war, die innere Neuordnung der Republik in Angriff zu nehmen. Marcus Antonius als der neue starke Mann des Triumvirats bekam die Ostprovinzen übertragen, Octavius die Westprovinzen und Lepidus den Rest. Nichtsdestoweniger fiel Octavius so das italische Kernland mit der Hauptstadt Rom zu, also die perfekte Basis für seinen weiteren Aufstieg.

Auch das zweite Triumvirat war nicht von Dauer. Nachdem Octavius 36 Sextus Pompeius, einen Sohn von Gnaeus Pompeius, besiegt hatte, waren keine gemeinsamen Gegner mehr übrig und seine Spannungen mit Marcus Antonius traten offen hervor. Octavius goss hier selbst Öl ins Feuer, indem er Marcus Antonius, dessen Herrschaftszentrum in Alexandria lag, vorwarf, völlig unter den Einfluss der ägyptischen Königin Kleopatra geraten zu sein. Der Bürgerkrieg gegen Marcus Antonius erschien den Zeitgenossen dann auch als ein Krieg gegen die äußere Feindin Kleopatra. Octavius, besser bekannt als Octavian, erreichte den entscheidenden Sieg 31 in der Seeschlacht bei Actium; dieser Sieg gilt als Beginn der Kaiserzeit.

Die Kaiserzeit

OCTAVIAN UND DIE ERRICH-
TUNG DES PRINZIPATS

Auch, wenn mit der Schlacht bei Actium eine neue Großepoche der römischen Geschichte beginnt, war der Übergang zwischen Republik und Kaiserzeit kein scharfer Bruch, sondern fließend. Das zeigen sich an mehreren Punkten:

Zu einer Änderung der Regierungsform kam es allein deswegen, weil die kleine stadtrömische Elite in eine Krise geriet und es nicht schaffte, diese beizulegen. Zweifellos gab es in der späten Republik viele Probleme, darunter auch solche wie die Verelendung der Landbevölkerung, die einiges an sozialem Zündstoff in sich bargen. Gelegentlich erhoben sich die Unzufriedenen auch, wie 73 bis 71 Sklaven unter

Spartacus' Führung, aber keiner dieser Missstände brachte die Republik zum Einsturz und der Bürgerkrieg wurde nicht von Aufständen begleitet, verschärft oder auf andere Art beeinflusst. So änderte sich für die einfachen Menschen, speziell außerhalb der Hauptstadt, erst einmal gar nichts, als sie nicht mehr in einer Republik lebten, sondern unter einem Princeps. Die Gesellschaft war selbstverständlich nicht statisch und entwickelte sich wie das Herrschaftssystem weiter, aber das ging über wesentlich längere Zeiträume vor sich.

Caesars Ernennung zum Diktator auf Lebenszeit war zwar weder eine Königsherrschaft noch eine Kaiserherrschaft, aber bereits eine Monarchie in dem Sinn, dass der Begriff von seinen griechischen Wurzeln her nichts anderes bedeutet als Herrschaft eines Einzelnen. Da nach seiner Ermordung seine Unterstützer die Oberhand gewannen, kam es auch nicht zu einer Rückkehr vom Notfallmodus der Republik zu ihrem Normalbetrieb. Das Triumvirat fußte auf diktatorischen Vollmachten, wenn sie auch zwischen drei Männern aufgeteilt waren, und Octavian konnte später auf vielen Entwicklungen aufbauen, die Caesar grundgelegt hatte.

Auch von der anderen Seite her gedacht ergibt sich das Bild eines fließenden Übergangs. 31 war das Triumvirat endgültig Geschichte und Octavian somit der einzige verbliebene Machthaber. Er war aber noch nicht der Princeps, wie die Kaiser bis 284 genannt wurden. Der Beginn seiner Regierungszeit wird erst auf das Jahr 27 datiert. Actium als Beginn der Kaiserzeit anzusetzen, hat dann auch weniger damit zu tun, dass sich zu diesem Zeitpunkt bereits etwas Grundlegendes verändert hätte, als damit, dass sich derjenige im Machtkampf durchsetzte, der ein paar Jahre später der erste Princeps sein würde: Octavian, besser bekannt unter seinem Ehrentitel Augustus (der Erhabene).

Späte Republik und frühe Kaiserzeit vereinte die Abscheu vor der Königsherrschaft, die ein fundamentaler Bestandteil des römischen Selbstverständnisses blieb. Die Geschichte rund um die Vertreibung von Tarquinius Superbus im Jahr 509 mag einer historischen Grundlage entbehren, aber der darin enthaltene Schwur, dass es in Rom nie wieder einen König geben solle, besaß eine äußerst reale Wirkmacht.

Caesar hatte keine Bedenken, sich zum Alleinherrscher machen zu lassen, aber sehr wohl Skrupel, die Ähnlichkeit zwischen ihm und einem König zu offensichtlich werden zu lassen. So ließ er sich zum Diktator auf Lebenszeit ausrufen, wodurch er zumindest dem Anschein nach auf dem Boden der republikanischen Traditionen stehen blieb. Hier ist allerdings anzumerken, dass selbstverständlich nicht absehbar ist, in welche Richtung er seine Position umgebaut hätte, hätte seine unbeschränkte Diktatur länger gedauert als einen knappen Monat. Auch war Caesars anfängliche Zurückhaltung wohl weniger einer persönlichen Abneigung gegen eine offen deklarierte Königsherrschaft geschuldet als der Einsicht, dass das formal republikanische Rom (noch) nicht bereit war, einen König über sich zu akzeptieren. Das traf auch völlig zu, denn schon die Diktatur auf Lebenszeit ähnelte für ausreichend viele Senatoren so sehr einer Königsherrschaft, dass sie ihn ermordeten.

Octavian hielt es hier ähnlich. Anders als sein Adoptivvater schuf er zwar eine neue Staatsform, aber er bemühte sich, den Anschein zu erwecken, dass er lediglich einer verbesserten Version der Republik vorstand und er selbst nichts anderes als ein gewöhnlicher, aber überaus pflichtbewusster Amtsträger alten Zuschnitts sei – hier geht es nicht darum, ob es ihm gelang, irgendjemanden zu täuschen, sondern darum, dass republikanische Werte und Traditionen auch in der frühen Kaiserzeit noch so hochgeschätzt wurden, dass es sich Octavian nicht leisten hätte können, sie allzu brüsk, allzu offensichtlich beiseitezuschieben. Beispielsweise blieb der Senat als zentrale Institution erhalten, auch wenn er seine Entscheidungsgewalt zunehmend verlor.

Die Errichtung des Prinzipats geschah dementsprechend in kleinen Schritten. Noch während des Bürgerkriegs bezog Octavian seine Legitimität aus der verwandtschaftlichen Verbindung mit Caesar – zuerst als Rächer, dann als Erbe des seit 43 offiziell vergöttlichten Diktators (*divus Iulius*). Eine weitere Säule seiner Legitimität bildeten seine Erfolge. Er legte viel Wert darauf, dass jeder von ihnen öffentlich bekannt gemacht wurde, beispielsweise durch Triumphzüge, damit eine darauffolgende Erweiterung seiner Kompetenzen gerechtfertigt erschien.

Persönliches Prestige und persönliche Popularität waren für Octavian umso bedeutender, als die Regierungsform, die dann Prinzipat genannt wurde, erst im Entstehen begriffen war und es noch keine etablierte Dynastie gab. Er hatte wenig anderes Kapital als seine eigene Person, auf das er zurückgreifen konnte, um seine Herrschaft dauerhaft zu etablieren, und er verstand sich darauf, sich selbst auf die jeweils passende Weise in Szene zu setzen. Die Sonnenseiten seiner

Person und Herrschaft wurden betont, Unzulänglichkeiten wie seine Fähigkeiten als Truppenführer oder Schattenseiten wie seine Rechtsbrüche während des Bürgerkriegs hingegen diskret unter den Teppich gekehrt.

Ein solches Vorgehen war grundsätzlich nichts Besonderes, aber Octavian besaß für solche Angelegenheit ein besonders glückliches Händchen. Dabei war er kein plumper Manipulator. Unter Octavian existierte keine Behörde, deren Aufgabe es gewesen wäre, den Princeps in möglichst günstigem Licht erscheinen zu lassen, er bezahlte keine Dichter dafür, dass sie Loblieder auf ihn sangen oder Ähnliches. Bei seinem Herrschaftsantritt 27 war sein Ansehen bereits so groß, dass er es nicht mehr notwendig hatte, sich selbst zu loben. Das überließ er fortan anderen, die diese Aufgabe freiwillig erfüllten, seien es nun die Senatoren, Schriftsteller oder andere Zeitgenossen.

Viel Popularität brachte Octavian der innere Frieden, der unter seiner Herrschaft existierte. Als *Pax Augusta* (Augusteischer Frieden) bildete er ein zentrales Element seiner Propaganda, aber es handelte sich auch um eine unbestreitbare Tatsache. Das politische Leben kam unter der Führung des Princeps wieder zur Ruhe. Nach innen war der Bürgerkrieg beendet und für die nächsten Jahrzehnte brach kein neuer aus. Auch Revolten und äußere Kriege blieben weitgehend aus, weil Octavian den Schwerpunkt seiner Politik auf die innere Stabilisierung des Reiches legte. Nach den vorhergehenden Jahrzehnten mit tausenden Opfern, Zerstörungen sowie Straßengewalt in Rom, wirkte das alles ausgesprochen wohltuend.

Anerkennung allein reichte Octavian aber selbstverständlich nicht. Er strebte auch danach, seine Position rechtlich abzusichern und versuchte dabei, sein Dasein als einzelner Machthaber in republikanische Traditionen zu kleiden. Nach dem Sieg über Marcus Antonius gelang es ihm, die Ostprovinzen bis 29 ausreichend zu befrieden, um nach Rom zurückkehren zu können. Dort setzte er zuerst Maßnahmen, die wie die Wiederherstellung der Republik anmuteten: 28 beendete er alle unrechtmäßigen Regelungen, die er selbst in Bürgerkrieg und Triumvirat eingeführt hatte. 27 übergab er in einer feierlichen Zeremonie das Heer, die Provinzen und die Verwaltung wieder an ihre traditionellen Inhaber, den Senat und das Volk (in Gestalt der Volksversammlung).

Diese Zeremonie markiert aber auch den Beginn des Prinzipats, weil weder Senat noch Volksversammlung nach den Erschütterungen des Bürgerkriegs in der Lage gewesen wären, ihre Aufgaben wahrzunehmen. Octavian erklärte sich also bereit, neue Sondervollmachten zu übernehmen: Noch 27 erhielt er die Befehlsgewalt eines Prokonsuls (*imperium proconsulare*) für jene Provinzen, die noch nicht befriedet waren, die 23 auf alle Provinzen ausgedehnt wurde. Sie bildete den Kern von Octavians Macht. Dazu kamen unter anderem die Oberaufsicht über die Getreideversorgung der Hauptstadt und über den Straßenbau. Zunächst waren diese Befugnisse noch befristet, und zum Teil gab sie Octavian auch wieder ab. 19 verzichtete er beispielsweise endgültig auf das Konsulat und behielt für sich nur für die Stadt Rom konsularische Gewalt.

Insgesamt aber sicherte sich Octavian so den Einfluss auf alle wichtigen Bereiche der Verwaltung, bis, salopp gesagt, ohne ihn nichts mehr ging. Wo er sich nicht persönlich um eine Aufgabe kümmern konnte, setzte er Delegierte in seinem Namen an. Die Macht des Princeps, wie auch das Prinzipat als solches, entstand also dadurch, dass Octavian immer mehr einzelne, noch aus der republikanischen Tradition herrührende Ämter und Amtsgewalten in seiner Person vereinigte, bis er unabkömmlich geworden war.

In diesem Zusammenhang ist auch aufschlussreich, dass die Herrschertitulatur, die sich unter

Octavian herausbildete, nur für wenige Kompetenzen stand. Er nannte sich zu Ehren seines Adoptivvaters Caesar und um von der Assoziation mit diesem zu profitieren; erst später verselbstständigte sich der Name zum Herrschertitel. Augustus war ein Ehrentitel, welcher der Senat Octavian verlieh. Auch er verselbstständigte sich später zum Herrschertitel, beinhaltete aber ursprünglich keine Machtbefugnis. Imperator war ein alter republikanischer Ehrentitel für erfolgreiche Feldherren, der auf das militärische Kommando verwies. Damit verband sich also echte Befehlsgewalt.

Princeps war eine Bezeichnung, die Octavian für sich selbst einführte, weil er die Anrede *dominus* (Herr) vermeiden wollte, die in der Beziehung zwischen einem Sklaven und seinem Besitzer üblich war. Annähernd lässt sich *princeps* als erster Kopf übersetzen, steht also für den Versuch, das republikanische Ideal der Gleichheit aller mit der Tatsache zu versöhnen, dass ein Einzelner immer mehr Entscheidungen traf. Dabei war der Princeps aber nicht mächtig, weil er der Princeps war, sondern weil er republikanische Ämter in seiner Person vereinigte.

In dieser Akkumulation kam der Amtsgewalt eines Volkstribuns besondere Bedeutung zu, über die Octavian bereits seit seinem Sieg über Sextus

Pompeius im Jahr 36 verfügte. Sie machte ihn, wie alle anderen Volkstribunen auch, unantastbar. In der Praxis bedeutete das, dass niemand gegen seine Entscheidungen ankam, weil er durch diese Funktion unantastbar war und umgekehrt er selbst gegen jede Entscheidung des Senats, die ihm nicht gefiel, sein Veto einlegen konnte – Letzteres war in der Praxis während seiner gesamten Herrschaft aber nicht notwendig. So besaß Octavian den denkbar größten Handlungsspielraum und konnte die Politik aktiv nach seinen Vorstellungen gestalten – wesentlich besser als es mit konsularischer Gewalt möglich gewesen wäre, auf die er ja auch verzichtete.

Die Unantastbarkeit eines Volkstribuns passte gut zur verstärkten Einbettung in die religiöse Sphäre, die Octavian betrieb. Er übernahm immer mehr priesterliche Funktionen zusätzlich zu der des Pontifex Maximus[1], des Oberpriesters, den etwa schon Caesar innegehabt hatte, und förderte vorsichtig Ansätze eines Kults seiner eigenen Person. Grundsätzlich kannte das Prinzipat keine persönliche Verehrung eines lebenden

---

[1] Heute tragen diesen Titel die Päpste. Er wird für gewöhnlich mit oberster Brückenbauer übersetzt, aber vermutlich war die ursprüngliche Bedeutung eine andere, die sich nicht mehr erschließt, bzw. stand das sprachliche Bild ursprünglich für etwas anderes, als wir heute damit verbinden.

Princeps, da diese nicht zum Selbstverständnis des Amts als Erster unter Gleichen gepasst hätte. Die verstorbenen Principes wurden aber nach dem Vorbild Caesars vergöttlicht (erkennbar an dem Adjektiv *divus*, das ihrem Namen vorangestellt wurde) und konnten regulär verehrt werden. Allerdings unterband Octavian die Verehrung seiner Person nicht völlig. Wie weit er sie zuließ, hing davon ab, wo sich eine Kultstätte befand. Die Ostprovinzen besaßen eine noch aus hellenistischer Zeit herrührende Tradition des Herrscherkults. Dort konnte Octavian nicht nur die persönliche Verehrung seiner selbst erlauben, er musste es sogar zu einem gewissen Grad tun, weil der Kult zum gängigen Herrscherbild gehörte. In den Westprovinzen gestattete er die Verehrung seiner Person gemeinsam mit anderen Gottheiten in deren Kultstätten. In Rom selbst wiederum war am wenigsten möglich, weil ein Herrscherkult in denkbar krassem Widerspruch zu den republikanischen Traditionen stand. Dort wurden lediglich Octavians Laren (eine Art Ahnengeister) verehrt.

DIE JULISCH-CLAUDISCHEN KAISER (14 BIS 68)

Octavian adoptierte Tiberius, den Sohn seiner Frau Livia, um ihn zum Nachfolger zu designieren. Zu diesem Zeitpunkt existierte noch keine Dynastie im eigentlichen Sinn; es war also nicht selbstverständlich, dass der Senat den vorgeschlagenen neuen Princeps auch akzeptieren würde. Dass der Wechsel zu Tiberius im Jahr 14 n. Chr. reibungslos vonstattenging, hatte sicherlich etwas mit der Achtung vor dem verstorbenen Octavian zu tun, aber auch mit Tiberius selbst. Als er zum Princeps aufstieg, war er bereits über 50 Jahre alt und hatte sich als fähiger Militärführer etabliert. Unter den Soldaten und in den Provinzen war er außerordentlich populär. Mit ihm begann die Herrschaft des julisch-claudischen Kaiserhauses, dessen Mitglieder aus den stadtrömischen Patrizierfamilien der Julier und Claudier stammten und teils durch Abstammung, teils durch Adoption mit Octavians Frau verwandt waren.

Von seiner Persönlichkeit her war Tiberius (14 bis 37) nicht unbedingt zum Princeps geeignet. Er hielt sich eher im Hintergrund und hatte nichts für die Propaganda und den persönlichen Glanz übrig, mit denen sich Octavian so geschickt umgeben hatte. In Rom fühlte er sich nicht besonders wohl, sodass er sich immer seltener dort aufhielt und im Jahr 26 sogar ganz nach Capri übersiedelte.

Nichtsdestoweniger erwies sich Tiberius als fähiger Administrator. Er legte Wert darauf, den rechtlichen Rahmen zu respektieren und enger mit dem Senat zusammenzuarbeiten, als Octavian das getan hatte. So hatte er großen Anteil daran, dass sich die julisch-claudische Dynastie etablieren konnte, also das Prinzipat nach ihm unabhängig von den persönlichen Fähigkeiten und Eigenschaften des jeweiligen Princeps innerhalb dieser Familie weitergegeben wurde – ganz so, wie es in jeder Monarchie der Fall ist. Diese Entwicklung ging gerade noch rechtzeitig vonstatten, denn Tiberius' Verwandte wiesen eine deutlich geringere Befähigung für das Amt des Princeps auf.

Die vierjährige Regierungszeit von Caligula (37 bis 41) war eine Aneinanderreihung von Peinlichkeiten und Exzessen, die mit einer Palastrevolte endete. Nach dieser Erfahrung wollten die Senatoren die Republik wiederherstellen, aber die Prätorianergarde, die kaiserliche Leibwache, setzte durch, dass Caligulas letzter lebender Verwandter Claudius zum Princeps aufstieg. Claudius (41 bis 54) war persönlich nicht für dieses

Amt befähigt, aber unter ihm war zumindest eine geordnete Regierung möglich. Auf Claudius folgte sein Stiefsohn Nero (54 bis 68), der sich wesentlich mehr dafür interessierte, sein Image als Künstler und Wagenlenker zu pflegen als dafür, sein Reich zu verwalten.

Die Akzeptanz selbst ungeeigneter Principes war allerdings nicht allein Tiberius' Verdienst, sondern lässt sich auch mit dem Unterschied zwischen Rom und den Provinzen erklären. Die persönlichen Unzulänglichkeiten und Extravaganzen eines Princeps bemerkten nur diejenigen, die sich im politischen und gesellschaftlichen Biotop der Hauptstadt bewegten. Die Verwaltung war davon in der Regel nicht betroffen, sodass in den Provinzen normalerweise keine Auswirkungen zu spüren waren. Tatsächlich war das Prinzipat in den ersten zwei Jahrhunderten eine Erfolgsgeschichte. Das Imperium entwickelte sich, manchmal dank seiner Principes und manchmal trotz ihnen, zu einer prosperierenden Macht, deren Provinzen zunehmend besser integriert waren und aus dem Zentrum verwaltet wurden.

Die Romanisierung, die sprachliche und kulturelle Angleichung der Bewohner, schritt fort. Innere Erschütterungen blieben im Großen und Ganzen ebenso aus wie bedrohliche äußere Kriege, der territoriale Bestand veränderte sich im Wesentlichen nicht. Die Bewohner des Reiches hatten Grund, zufrieden zu sein.

Nicht zuletzt war die Armee die wichtigste Quelle der Legitimität eines Princeps – in diesem Sinn war das Römische Reich seit Octavian eine Militärmonarchie, auch wenn sich die Tätigkeit eines Princeps bei Weitem nicht darin erschöpfte, Krieg zu führen. Solange aktive Soldaten wie Veteranen keinen Anlass sahen, sich gegen den Herrscher zu erheben, durfte er sich sicher fühlen. Auf lange Sicht betrachteten die Principes die Armee zunehmend als den Teil der Bevölkerung, deren Interessen sie am stärksten berücksichtigen mussten, weil sich dort ihr eigenes Schicksal entschied.

DIE FLAVIER (69 BIS 96)

Nero beging 68 Selbstmord, als gegen ihn eine Militärrevolte ausbrach. Er hinterließ weder leibliche noch adoptierte Kinder und hatte auch keine anderen Verwandten, die ihm nachfolgen hätten können, sodass völlig offen war, wer zum Princeps aufsteigen würde. Nun zeigte sich die Bedeutung der Armee. Innerhalb kurzer Zeit riefen verschiedene Truppenteile ihren eigenen Kaiser aus, weswegen 68/69 als das

Vierkaiserjahr in die Geschichte einging. In einem kurzen Bürgerkrieg setzte sich Vespasian gegen Galba, Otho und Vitellius durch und war ab 69 der einzige Princeps.

Mit Vespasian begann die flavische Dynastie, die erstmals einen Bedeutungsverlust Roms augenfällig machte. Die Flavier stammten selbst nicht aus der Hauptstadt und auch die Mehrheit der Senatoren kam erstmals aus dem italischen Kernland sowie aus Familien, die erst vor kurzer Zeit in die Nobilität aufgestiegen waren.

Vespasian erwies sich als fähiger Herrscher, der nach dem verhaltensoriginellen Nero wieder Ruhe in die Verwaltung brachte. Unter anderem erließ er die *lex de imperio*, mit der künftig die Übertragung von Kompetenzen und Ämtern an den Princeps geregelt wurde.

Ihm folgte sein Sohn Titus (79 bis 81), der nach nur zwei Jahren Regierung starb. Vespasians jüngerer Sohn Domitian (81 bis 96) war an sich bei der Armee populär, zeigte aber eine Neigung zu autokratischem Verhalten und Selbstüberhöhung, die zu seinem Sturz führte.

DIE ADOPTIVKAISER (96 BIS 181)

Nach Domitians Sturz ernannte der Senat aus seinen eigenen Reihen Nerva (96 bis 98) zum neuen Princeps. Nerva führte in seiner kurzen Regierungszeit mehrere kluge administrative Reformen durch, welche die Konsolidierung des Reiches ermöglichten und nahm sich auch der sozialen Probleme an. Die Prätorianergarde stand ihm aber weiterhin feindselig gegenüber, weil ihn der Senat zum Princeps gemacht hatte. Sie zwang ihn, Marcus Ulpius Traianus, den Kommandanten des obergermanischen Heeres, zu adoptieren und so zu seinem Nachfolger zu machen.

Das Muster, den Nachfolger durch Adoption zu bestimmen, wurde für die nächsten rund hundert Jahre zur Norm, sodass dieser Abschnitt als Zeit der Adoptivkaiser bezeichnet wird. Dahinter stand kein im Vorhinein gefasster Plan, sondern der biologische Zufall, dass mit der Ausnahme von Marc Aurel kein Adoptivkaiser männliche Nachkommen hatte. Die Behauptung, dass dieses Verfahren dazu diene, den jeweils Besten an die Regierung zu bringen, war also eine propagandistische Überhöhung. Das zeigt sich auch darin, dass die Principes nicht unvoreingenommen nach dem besten Kandidaten suchten, sondern entweder einen entfernten Verwandten adoptierten (zum Beispiel Trajan Hadrian) oder einen persönlichen Günstling (zum Beispiel Antoninus Pius Marc Aurel und Lucius Verus, die allerdings sein Vorgänger Hadrian aussuchte). Nichtsdestoweniger erwies sich die Propaganda insofern als zutreffend, als die Principes tatsächlich durchgehend fähige Männer zu ihren Nachfolgern erkoren. Das knappe Jahrhundert der Adoptivkaiser gilt als einer der glücklichsten Abschnitte der römischen Geschichte.

Den Anfang machte Trajan (98 bis 117). Er setzte Nervas Sozialpolitik fort, arbeitete eng mit dem Senat zusammen und betrieb erfolgreich die Expansion des Reiches. Mit der Errichtung der Provinz Dakien erreichte das Römische Reich unter ihm seine größte territoriale Ausdehnung, allerdings zeigte sich auch, dass eine Fortsetzung dieser Politik die Ressourcen zu sehr strapaziert hätte. Trajan stellte sein Verhalten als Princeps unter die Leitsätze Mäßigung und Humanität. Gemeinsam führte all das dazu, dass er in der Wahrnehmung der Zeitgenossen einem idealen Herrscher sehr nahe kam und als *optimus princeps* (bester Princeps) bezeichnet wurde.

Trajans Nachfolger Hadrian (117 bis 138) und Antoninus Pius (138 bis 161) setzten jeweils eigene

Schwerpunkte, führten aber die Mäßigung im Inneren fort. Ihrem ebenfalls positiven Ruf kam zugute, dass das Reich eine Phase größtmöglicher Ruhe und Prosperität erlebte. Diese fand bereits unter Marc Aurel (161 bis 181) ein jähes Ende. Der letzte Adoptivkaiser war mit Einfällen der Markomannen über den Donau-Limes konfrontiert, der eine Pestepidemie auslöste, sowie mit der wachsenden Stärke der Perser im Osten.

DIE SEVERER (193 BIS 235)

Marc Aurel machte seinen Sohn Commodus zum Nachfolger, was sich als schlechte Wahl erwies. Unter Commodus (181 bis 192) zeigte das Reich Zerfallserscheinungen und nach seiner Ermordung 192 brach erneut ein Bürgerkrieg aus. 193 setzte sich Septimius Severus, der Kommandant der Donauarmee, im Machtkampf durch und stieg zum Princeps auf.

Severus beharrte auf seinem Vorrecht gegenüber dem Senat, verfolgte politische Gegner gnadenlos und kümmerte sich vor allem um das Wohlergehen der Soldaten, auf die sich seine Legitimität stützte. Als erster Princeps seit Trajan verfolgte er wieder eine Expansionspolitik.

Die Dynastie der Severer hielt sich nur kurz. Die Ermordung von Severus' Sohn Caracalla 212 setzte ihr ein erstes Ende. Dank der Bemühungen von Severus' Frau Julia Mamaea, deren Schwester Soaemia und deren Töchtern konnte sie an die Macht zurückkehren, endete aber schon nach dem Tod seines Enkels Severus Alexander 235 endgültig.

DIE SOLDATENKAISER
(235 BIS 284)

Nach Severus Alexanders Tod brach eine krisenhafte Zeit an, welche die Epoche der Soldatenkaiser genannt wird. Sie war dadurch gekennzeichnet, dass Truppenkommandanten von ihren Soldaten zum Princeps ausgerufen wurden. Ihre kaiserliche Macht hatte keine andere Quelle und keinen anderen Umfang als ihre Autorität in der Armee.

Da sie sich oft nur in einem bestimmten Teil des Heeres durchsetzen konnten, lösten die Soldatenkaiser einander in rascher Folge ab, waren häufig mit einem oder auch mehreren Gegenkaisern konfrontiert und fanden in der Regel einen gewaltsamen Tod. Zwischen 193 und 306 gab es mehr Machthaber als in allen anderen Jahrhunderten der römischen Geschichte zusammengerechnet und von den 26 bedeutenderen der wörtlich unzähligen Soldatenkaiser starb nur einer eines natürlichen Todes.

Infolgedessen verlor die Zentralmacht enorm an Autorität, bzw. gab es über weite Strecken dieser Epoche so etwas wie eine Zentralmacht gar nicht. So setzte sich der Bedeutungsverlust der Hauptstadt Rom fort. Die Zeit der Soldatenkaiser war auch eine Phase der Konkurrenz zwischen dem Senat und der Armee um die Vorherrschaft im Reich, in der die in den Provinzen stationierte Armee die Oberhand behielt. Zugleich blieb die Bedrohung von außen bestehen, sodass die Grenzregionen an Bedeutung gewannen und zum Verwaltungszentrum aufstiegen.

Alles das zusammengenommen, bedingte eine ganze Reihe von Zerfalls- und Krisenerscheinungen. Einzelne Provinzen mussten aufgegeben werden, zum Teil entstanden Sonderreiche wie in Gallien und rund um die Stadt Palmyra. Der Wirtschaftsraum zerbröckelte ebenso wie der Grenzschutz. Dazu kamen unablässige Einfälle über die Grenzen durch Franken, Alamannen, Goten und andere, mehrere Wirtschaftskrisen und eine massive Geldentwertung. Die Bevölkerung verarmte zusehends.

Dazu gesellte sich 250 die erste systematische Christenverfolgung im Römischen Reich, wenngleich sie eher das Nebenprodukt eines Edikts als die eigentliche Absicht war. Kaiser Traianus Decius befahl allen Bewohnern des Reiches die Teilnahme an den staatlichen Kulten, weil er einen allgemeinen Sittenverfall für die Probleme des Reiches verantwortlich machte. Die Christen waren die einzige Gruppe, die sich der Anordnung geschlossen widersetzte, und mussten die Konsequenzen tragen.

In den 250er- und 260er-Jahren war der Nadir der Krise erreicht. Ab da gelang es den Principes, wieder eine Stabilisierung zu erreichen. Gallienus (253 bis 268) führte eine Heeresreform durch, dank derer Aurelian (270 bis 275) die Einheit des Reiches wiederherstellen konnte. Als ebenso fähige Herrscher erwiesen sich ihre Nachfolger Probus und Carus.

DIE TETRARCHIE

Nach der Ermordung Numerians, eines Sohnes von Carus, wurde Diokletian 284 von seinen Soldaten zum Kaiser proklamiert. Seine Herrschaft begann er also als gewöhnlicher Soldatenkaiser, aber es gelang ihm, diese Phase zu beenden und eine neue Regierungsform zu schaffen. Die Epoche der Soldatenkaiser hatte so viele Umwälzungen gebracht, dass Diokletians Regierungszeit als Beginn der Spätantike und auch als Beginn eines neuen Abschnitts der Kaiserzeit, des Dominats, gilt.

Während sich die Principes als Erste unter Gleichen verstanden hatten, die sich persönlich nicht von ihren Untertanen unterschieden, hoben sich die Domini ab Diokletian deutlich von ihnen ab. Die Bezeichnung Dominat bringt das insofern zum Ausdruck, als *dominus* ursprünglich die Bezeichnung für einen Sklavenbesitzer war, der umfassende Rechte über seine Sklaven besaß. Die Überhöhung des Kaisers war keine Erfindung Diokletians, sondern hatte sich schon seit dem 2. Jahrhundert immer deutlicher abgezeichnet. Diese Entwicklung war im Prinzip nur folgerichtig.

Die traditionelle, noch aus der Republik herrührende Legitimation des Princeps durch den Senat verlor an Bedeutung, die Legitimation durch dynastische Kontinuität spielte kaum eine Rolle, weil die Etablierung einer Dynastie nur selten gelang und die Legitimation durch die Armee war zwar effektiv, aber instabil, wie nicht zuletzt die Zeit der Soldatenkaiser gezeigt hatte. Die kultische Überhöhung der Person des Kaisers bot da den wirksamsten Ausweg.

Diokletian war allerdings derjenige, der diese Überhöhung zugleich institutionalisierte und auf die nächste Entwicklungsstufe hob. Er führte ein neues Hofzeremoniell ein, das auch seine Nachfolger beibehielten. Es zielte darauf ab, den Kaiser geradezu aus der Sphäre des Irdischen zu entrücken, indem er mit zahlreichen Verboten umgeben wurde. Beispielsweise durfte niemand in seiner Gegenwart unaufgefordert zu sprechen beginnen oder sich ihm niemand nähern, ohne Handschuhe zu tragen. Im Dominat war es außerdem normal, dass ein lebender Kaiser als Gott verehrt wurde; sein Schlafzimmer galt als sakraler Raum.

Nach seiner Erhebung zum Kaiser sah sich Diokletian mit mehreren Aufständen konfrontiert. Um ihnen Herr zu werden, ernannte er 285 Maximian zu seinem untergeordneten Mitkaiser (Caesar). Mit diesem Schritt band er nicht nur einen fähigen Soldaten, sondern auch einen potenziellen Konkurrenten an sich. Nachdem sich Maximian in Gallien bewährt hatte, stieg er schon ein Jahr später zum gleichberechtigten Mitkaiser (Augustus) auf. Diokletian meinte aber, dass selbst zwei Kaiser nicht reichten, um die Probleme des Reiches zu bewältigen.

193 ernannte er darum Galerius zu seinem Caesar, während sich Maximian für Constantius als Caesar

entschied. Dieses Arrangement erhielt den Namen Tetrarchie (griech. Viererherrschaft). Die Tetrarchie sollte nicht nur die dringend notwendigen Reformen ermöglichen, sondern nach den rasch wechselnden Soldatenkaisern auch für dynastische Kontinuität sorgen: Jeder Augustus adoptierte seinen Caesar, der ihm als Augustus nachfolgen und dann wiederum einen Caesar ernennen sollte. Alle vier Kaiser hatten ihren eigenen Hof und verfügten über dieselben Befugnisse, waren aber für ihren jeweils eigenen Teil des Reiches zuständig.

Die Tetrarchie erwies sich als erfolgreich. Den Kaisern gelang es, die Rhein-Donau-Linie zu halten und die Perser zu besiegen. Auch im Inneren herrschte Frieden, sodass sie Reformen umsetzen konnten. Diokletian trennte die Militärverwaltung von der zivilen, indem er für letztere vier Präfekten mit umfangreichen Befugnissen einsetzte. Er veränderte die Provinzeinteilung und dezentralisierte deren Verwaltung, um sie effektiver zu machen. Seine Heeresreform wiederum zielte darauf ab, dass Soldaten künftig nicht mehr die Rolle der Kaisermacher spielen können sollten. Beispielsweise erhöhte er den Anteil von reichsfremden Hilfstruppen beträchtlich.

In die Tetrarchie fiel auch eine massive Christenverfolgung (303 bis 311). Ihre Ursache ist darin zu sehen, dass die Kaiser spätestens ab dem 3. Jahrhundert glaubten, den inneren Zusammenhalt des Reiches durch Einheitlichkeit herstellen oder zumindest stützen zu können. Die Vereinheitlichung betraf viele Lebensbereiche, aber der Kult war besonders sensibel, weil er seit jeher als staatstragend galt, d. h., in der Vorstellung der Zeitgenossen sicherte die richtige Ausübung der Kulte das Wohlwollen der Götter und diese wiederum erhielten die Republik oder das Kaisertum. Da die Christen nicht an diesen traditionellen Kulten teilnahmen, galten sie als besonders gefährlich.

Trotz ihrer Erfolge war auch die Tetrarchie nicht von Dauer. Die Augusti dankten 305 ab, nachdem Diokletian eine schwere Krankheit überstanden hatte, Galerius und Constantius nahmen wie vorgesehen ihre Plätze ein. Constantius starb aber schon 306. Danach riefen Soldaten in altbekannter Manier dessen Sohn Konstantin zum Kaiser aus. Konstantins Legitimität war darum für die anderen Tetrarchen fraglich, sodass zwischen ihnen ein Konflikt entbrannte, der in unterschiedlichen Konstellationen und mit Unterbrechungen bis 323 dauerte, als sich Konstantin endgültig die Alleinherrschaft über das Reich sicherte. Seinen Sieg führte er auf das Wirken des christlichen Gottes zurück, sodass er zum Förderer und Beschützer des Christentums wurde. Ab da entwickelte es sich zu einem zunehmend bedeutenden gesellschaftlichen und auch politischen Faktor.

DAS SPÄTE REICH

Auch nach dem Ende der Tetrarchie gab es in jeder Reichshälfte üblicherweise einen eigenen Kaiser; die Alleinherrschaft entwickelte sich von der Norm zur Ausnahme. Als letzter Kaiser gelang es Theodosius (378 bis 395), sich die Herrschaft über das Gesamtreich zu sichern. Er war auch der letzte bedeutende Kaiser der Westhälfte. 380 machte er das Christentum de facto zur Staatsreligion, indem er den traditionellen Kulten die staatlichen finanziellen Zuwendungen strich.

Dadurch versanken sie auch ohne formales Verbot in der Bedeutungslosigkeit. 382 schloss Theodosius einen Vertrag mit den Goten, in dem er ihnen den Status von Bundesgenossen (*foederati*) verlieh. Fortan waren sie zwar nicht der Jurisdiktion unterstellt, konnten aber die Armee dominieren und über die Armee auch die Politik.

Ab dem Regierungsantritt von Theodosius' Söhnen Arcadius (Osten) und Honorius (Westen) im Jahr 395 entwickelten sich die Reichshälften deutlicher auseinander. Von einer formalen Trennung in zwei Reiche in diesem Jahr zu sprechen, wie es oft in Schulbüchern zu lesen ist, ist allerdings falsch, weil es diesem Datum eine zu große Bedeutung beimisst.

Mit dem Tod Valentinians III. 455 endete die Dynastie der Westhälfte. Damit trat das Reich in die letzte Phase seiner Existenz ab. 476 setzte Odoaker, der germanische Kommandant der Prätorianergarde, eigenmächtig Kaiser Romulus Augustulus ab. Mit diesem Datum wird dramatisch der „Untergang des Römischen Reiches" verknüpft, aber aus der Sicht der Zeitgenossen handelte es sich um ein denkbar unspektakuläres Ereignis. Odoaker selbst meinte, er habe mit seinem Coup die Einheit des Reiches wiederhergestellt, weil es wieder nur einen einzigen Kaiser, Zenon in Konstantinopel, gab.

Auf den Gang der Ereignisse wiederum hatte die Absetzung von Romulus Augustulus keine Auswirkungen, weil die weströmischen Kaiser schon längere Zeit kaum reale Bedeutung mehr besessen hatten. Die Befugnisse, die einst die Autorität und Macht der Principes begründet hatten, hatten sie nach und nach verloren, bis sie bloße Platzhalter waren. Durch Diokletians Reformen hatte der Kaiser die Rechtsprechung an die Präfekten abgetreten. Das Erstarken des Christentums hatte sie ihrer zentralen Funktion für den Götterkult bzw. die Religionsausübung beraubt. Seit 386 mussten sie schließlich germanische Heermeister neben sich dulden, sodass sie auch im militärischen Bereich ohne Befugnisse waren.

Ausblick

Die Absetzung von Romulus Augustulus hatte keine Auswirkung auf das Oströmische Reich. Es bestand weiter, nicht zuletzt, weil es dessen Kaiser besser verstanden, ihre traditionellen Befugnisse zu wahren. Dieses Reich hatte um die Mitte des 5. Jahrhunderts seine Blütezeit noch vor sich und bestand bis 1453, als die Osmanen Konstantinopel eroberten.

Obwohl das Oströmische oder Byzantinische Reich ab dem 6. Jahrhundert vorwiegend griechisch-sprachig war, verstanden sich seine Bewohner ungebrochen als Römer (griech. οἱ Ῥωμαῖοι) und ihr Reich als ein römisches. Die Hauptstadt Konstantinopel, die

Kaiser Konstantin bewusst als Kopie Roms errichten hatte lassen, nannten sie dementsprechend das neue Rom (griech. ἡ νέα Ῥώμη).

Auch in der ehemaligen westlichen Reichshälfte lebte das Römische Reich fort, nur in anderer Gestalt. Der frühere Glanz und die Macht des Imperiums blieben anziehend, besonders für die Nachfolger und Nachkommen der einst mit Rom verbündeten „Barbarenkönige". Karl der Große wollte dieses Prestige anzapfen, als er sich 800 vom Papst zum Kaiser krönen ließ – zum Missfallen der byzantinischen Kaiserin Irene, die sich von diesem Akt persönlich herabgesetzt fühlte.

Ab dem 10. Jahrhundert griffen Karls Nachfolger verstärkt den Gedanken an eine Kontinuität mit dem Römischen Reich auf und ab dem Spätmittelalter erhielt die ehemalige Osthälfte des fränkischen Reiches den Namen Heiliges Römisches Reich Deutscher Nation (meist HRR abgekürzt). Es existierte bis 1806, als Kaiser Franz II. die Krone niederlegte, um Napoleon zuvorzukommen, der sie ihm gern abgenommen hätte.

Herstellung und Verlag:

BoD – Books on Demand, Norderstedt

ISBN: 9783754313404

© Roman Grapengeter 2020

1. Auflage

Kontakt: Psiana eCom UG/ Berumer Str. 44/ 26844 Jemgum

Covergestaltung: Fenna Larsson

Coverfoto: depositphotos.com